F3705/1
Collection : Les princesses et les fées

rue de chevron 106 - 4987 Chevron - Belgique.
hemma@hemma.be
www.hemma.be
Livre imprimé au Portugal.
Dépôt légal : 0306/0058/040
N° d'impression : 6802.0605

18 histoires de Princesses et de fées

Textes de :

Élodie Agin, Calouan, Sophie Cottin, Françoise le Gloahec, Corinne Machon, Madeleine Mansiet, Mireille Saver.

Illustrations de :

Cathy Delanssay, Évelyne Duverne, Dorothée Jost, Oreli Gouel, Virginie Martins, Jessica Secheret.

Éditions Hemma

Le sourire de la princesse

Élodie Agin - Cathy Delanssay

La princesse Clarissa a perdu son sourire.
Son père, le roi, est bien embêté,
car elle a l'air si triste qu'en la regardant
les gens partent en courant.

Un jour, le roi dit dans un soupir :
– Il faut absolument la guérir.
La princesse doit retrouver son sourire.
Il fit venir des médecins et des magiciens
de tous les continents.
Elle avala des litres de sirops colorés
et des tonnes de pastilles parfumées.
Mais tout cela n'y changea rien.

Un jour, au royaume, arriva Malo,
un petit marin qui dans son bateau ramenait une herbe magique.
Il la présenta à la princesse, qui secoua la tête :
– J'ai goûté à tous les remèdes que l'on m'a apportés et, jusqu'ici, rien n'a marché. J'en ai assez ! Je ne veux plus rien avaler.
Clarissa gardait maintenant la bouche bien fermée.
Malo insista :
– Vous verrez, avec mon herbe, vous guérirez.
D'ailleurs, je vais vous le prouver.

Le petit marin prit la princesse par la main, et l'entraîna vers le village.
Sur le chemin, ils croisèrent une vieille femme qui boitillait.
Malo, le petit marin, lui tendit un brin d'herbe. Deux minutes plus tard, elle trottinait.
La princesse et le marin passèrent de maison en maison, distribuant l'herbe magique.
Sur leur passage, la fièvre tombait, les joues se coloraient, les malades se relevaient.
Dans tout le village, ils semèrent la joie.

Clarissa courait de l'un à l'autre.
Ses yeux brillaient, mais le tas d'herbes diminuait.
Soudain, Malo lui dit :
– Princesse, c'est le dernier brin d'herbe !
Vous devez le garder pour vous.
Clarissa n'hésita pas :
– Non. Ce garçon là-bas en a plus besoin que moi.
Et, lorsqu'elle tendit le dernier brin d'herbe au petit enfant, un sourire éclaira le visage de la princesse...

La princesse Cerise

Corinne Machon - Oreli Gouel

Il y a bien longtemps de cela, au temps où la magie et la sorcellerie existaient au grand jour, une fée des marais vieille et laide était très jalouse de la fille du roi, la princesse Cerise.
Un soir où celle-ci se promenait au bord de l'eau, elle lui jeta le plus vilain des sorts, la transformant en grenouille rouge.
– Que cet ensorcellement soit désormais ton quotidien. Seul le baiser d'un mortel te rendra ta personnalité…
Et, dans un rire terrible elle disparut, laissant la princesse à son triste destin.

Ainsi les mois passèrent… mais notre princesse grenouille ne perdait pas espoir. Les rois et les reines aussi se succédèrent, jusqu'à ce jour de printemps où le roi Barnabé décida qu'il était grand temps que son fils prenne la couronne. Hélas, le prince Fergus était très mélancolique et n'avait absolument pas envie de gouverner. Son père, qui rêvait de prendre sa retraite et de voir grandir ses petits-enfants, tapa du poing sur la table en hurlant :

– Mon fils, cela suffit ! Aujourd'hui, fête du printemps,
vous vous devez de visiter notre royaume.

Puis, il claqua des doigts,
faisant signe aux serviteurs dévoués.
– Lavez-le, habillez-le, coiffez-le et, pendant que vous y êtes,
coincez-lui un balai dans le dos afin qu'il se tienne droit dans le carrosse.
– Souriez, que diable ! Souriez ! lui cria son père en dernier conseil.
Sur les chemins cahoteux, le prince s'assoupit très vite. Le balai qu'on lui avait placé dans le dos lui donnait des airs de pantin.
Il fut réveillé en sursaut :
– Nous sommes en panne, Votre Majesté ! cria le cocher. Cela va prendre du temps pour réparer. Vous pouvez aller vous promener.

Le prince descendit du carrosse et se dirigea vers l'étang où notre princesse grenouille avait élu domicile.

– Bonjour ! lança-t-elle très fort.

Les yeux du prince furent attirés par la petite tache rouge.

– Tu es ici chez moi ! Qui t'a permis d'envahir mon domaine ?

Pour la permière fois depuis longtemps, la curiosité du prince s'éveilla.

– Le royaume tout entier m'appartient, poursuivit la rainette. Emmène-moi et je te le prouverai.
Le prince se laissa séduire par l'idée, et il reprit la route en compagnie de la rainette, qui lui vanta toutes les beautés de son pays.
– Reste avec moi, petite grenouille ! supplia-t-il. Je te donnerai ce que tu veux... rétorqua le prince, dont la mélancolie avait disparu.
– Oui ? Et bien, me donnerais-tu un baiser ?
– Un baiser ? Quelle idée ! Ta couleur rouge me pousse à un peu de méfiance ! Ne vais-je pas me retrouver couvert de pustules ?

Elle plongea ses beaux yeux sombres dans ceux du prince.
– Un baiser et je reste… murmura-t-elle.

Le prince respira un bon coup et embrassa la rainette, qui, dans une pluie de petites étoiles, se métamorphosa en la plus jolie des princesses.
De retour au château, on fixa la date de leurs noces. Le roi, ravi, s'empressa de commander les berceaux pour les futurs petits coquins…

Le caprice de Shérazade

Calouan - Jessica Secheret

Au palais du sultan Arbous, c'est l'effervescence. La princesse Shérazade a envie de manger des crêpes mais, dans les cuisines, personne ne connaît la recette de ces étranges galettes plates.
Shérazade saute à pieds joints, hurle et jette à terre la belle vaisselle.
Mais personne ne connaît la recette.

Si Shérazade est une princesse connue dans le monde entier pour sa grande beauté, on sait aussi que ses colères sont terribles et qu'il ne faut pas la contrarier.
Le sultan, son papa, essaie de la raisonner :
– Mais enfin, ma toute belle, qu'est-ce que cette dernière lubie ? Personne n'a jamais entendu parler de ce dessert qui te fait tant envie !
– Ce n'est pas une lubie, papa chéri. J'ai découvert ce délice dans un des livres que tu m'as offerts. Cela vient d'Occident.
– Mais sais-tu comment cela se prépare ?
La petite princesse orientale n'en a pas la moindre idée. Ce qu'elle sait par contre avec certitude, c'est qu'elle veut en manger.
Mais personne dans le palais ne connaît la recette de ce mets mystérieux qu'elle réclame.

Alors, la jeune fille va chercher le fameux ouvrage et le montre au cuisinier du palais : il faut verser un liquide blanchâtre dans une poêle, le faire cuire et le faire sauter en l'air pour le récupérer sur l'autre face.

– A-t-on jamais vu cuisiner de la sorte ? Faire sauter la nourriture ? Ce ne sont vraiment pas des coutumes de chez nous !

Devant le désespoir de son enfant unique et adorée, le sultan Arbous envoie Kokoun, son perroquet, se renseigner dans les palais alentour.

Kokoun se rend chez le sultan Nidiouf, mais personne n'a entendu parler de cette galette appelée « crêpe ».
Puis au palais de Mazid, où il n'a pas plus de succès.

Quand il arrive au palais du sultan Bazet, il commence à être épuisé par son périple. Par chance, il paraît qu'un jeune serviteur de la sultane Nora vient de très loin et qu'il raconte des légendes et des histoires bizarres, inconnues de tous. Il s'appelle Marc et quand Kokoun l'interroge, il lui répond :

– Si je connais la recette des crêpes ? Mais bien sûr ! Emmenez-moi auprès de Shérazade et je lui cuisinerai ce qu'elle désire tant.

Il ne connaît pas vraiment la recette des crêpes, mais il se rappelle que quand il était petit, sa grand-mère lui en préparait. Pour séduire la belle Shérazade, il est prêt à tout, même à inventer une nouvelle recette.

De retour au palais, Marc est mené à la cuisine et il interdit à quiconque de rester à ses côtés.
Il étudie le livre de Shérazade et fait une longue liste, afin qu'on lui apporte les ingrédients nécessaires.
Il casse, bat, mélange, remue et ajoute encore une pincée de ceci, une goutte de cela.
Derrière la porte, tous entendent, surpris, de drôles de bruits.

Quand tout est fini, il apporte cérémonieusement sur un plat d'argent une dizaine de petites galettes, dorées et sucrées.
– Voilà les crêpes pour vous, Altesse ! déclare-t-il, tout fier.
Shérazade les déguste avec plaisir. Elle est comblée.
Qui saura jamais si c'est la bonne recette ?
Depuis, Marc ne quitte plus la belle.
Pour leur plus grand bonheur à tous les deux.

Églantine et Azur

Calouan - Évelyne Duverne

Depuis bien des lunes, Églantine parcourt les horizons sur son balai.
Elle a transformé tant de beaux jeunes hommes en crapauds puants que cela ne l'amuse plus.
Et sa marmite a tellement bouillonné que plus aucune potion magique n'a de secrets pour elle.

Ce soir, comme tant de fois déjà, elle survole le monde dans l'espoir de trouver un enfant à effrayer, un monstre à combattre ou un maléfice à jeter.
Aujourd'hui, elle est devenue la meilleure sorcière de la terre, la plus redoutée. Mais cela ne lui procure plus le même plaisir.

Dans son miroir fendu en son milieu, elle se regarde.
Elle voit son nez crochu surmonté d'une vilaine verrue, ses dents cassées et noircies et ses cheveux filasse couleur de feuilles d'automne.
Elle baisse les yeux : toujours le même habit de sorcière depuis si longtemps.
La longue robe noire qui l'enveloppe jusqu'au bas des chevilles, ses chaussures effilées à grosses boucles qui lui font mal aux orteils et son célèbre chapeau pointu qu'elle ne supporte plus.

Elle rêve depuis quelques nuits
de couleurs et de musique.
Elle se dit que cela doit être plaisant
d'être belle. Elle aimerait avoir
un sourire charmant et de
doux cheveux brillants.
Elle s'imagine élégante,
dans de belles robes soyeuses.

Elle voudrait se sentir aimée.
Elle rêve qu'un prince charmant romantique
et amoureux l'enlève sur son cheval fougueux
pour lui demander de l'épouser.

Soudain, Églantine entend un bruit
dans le silence de la nuit.
Des pleurs ?... Oui ! Ce sont des pleurs !

Devant elle, assise sur un banc de pierre, derrière de lourds barreaux, pleure une jeune princesse.
Une jolie princesse avec de merveilleux cheveux, vêtue d'une robe au tissu délicat.

Églantine s'approche, curieuse.
Allons ! Cette jeune femme a tout ce qu’elle souhaite, elle, et malgré tout, elle pleure.
Sans même se rendre compte de ce qu'elle fait, la sorcière édentée l'interpelle :
– Alors, mignonne, qu'est-ce qui ne va pas ?

La belle lève ses yeux inondés de larmes et répond sans crainte d'une voix si douce qu'Églantine en a le souffle coupé :
– Mon père veut que j'épouse le prince du Bois d'Ortie, mais je ne le veux pas. Je ne l'aime pas. Et je ne veux pas finir ma vie, enfermée dans un château à ne faire que porter de magnifiques robes en attendant la fin du jour. Je veux voir le monde. Je veux connaître d'autres gens, d'autres paysages. Je veux respirer d'autres airs. Je me sens prisonnière ici...

Églantine se pose à ses côtés
et murmure de sa voix nasillarde :
– Il est comment le prince du Bois d'Ortie ?
Azur relève la tête :
– On le dit très beau, mais il ne m'attire pas. Il ne m'intéresse pas. Les fiançailles ont lieu demain. Je préfère mourir ce soir que d'obéir à mon père.
– Et si je te proposais un marché ?
– Un marché ? Un sortilège peut-être ? Transformez-moi en oiseau que je puisse m'envoler loin d'ici et je vous donne tout ce que vous voulez…

– Écoute, je suis lasse d'être cette hideuse sorcière que tout le monde craint. Je voudrais me reposer, réchauffée par l'amour d'un prince, servie et adorée. J'envie ta beauté et l'éclat de tes cheveux, ton corps fin drapé de belles robes. Veux-tu prendre ma place ? Et j'épouserai pour toi le prince du Bois d'Ortie.

Azur ouvre grand ses yeux. Bien sûr, elle est repoussante cette sorcière, mais sa proposition est tentante.
– Serai-je obligée de faire le mal ?
– Non, bien entendu, mais tu verras qu'on te fuira et que personne ne t'aimera. Ce n'est pas toujours amusant. Mais peut-être sauras-tu changer cela et plaire...

La douce princesse contemple le balai qui peut l'emmener au bout de la terre et acquiesce :
– D'accord, j'accepte le marché !

Ce soir, elle ne vivra plus derrière les grands murs de pierre et les lourds barreaux d'acier de sa prison dorée.
Ce soir, elle va partir aussi loin qu'elle le désire, elle va respirer, vivre et voler, voler...

Ce soir, Églantine s'endormira dans un lit douillet en rêvant au beau prince qui demain posera ses lèvres sur les siennes.

Une couronne de princesse

Madeleine Mansiet - Cathy Delanssay

La vie d'une princesse, ce n'est pas drôle du tout ! Ségolène s'ennuie dans son grand château. Elle porte de jolies robes, mais elle n'a pas d'amis. Toute la journée, elle entend les mêmes conseils :
– Une princesse appelle sa mère Majesté. Elle ne pleure pas, ne se barbouille pas les joues en mangeant du chocolat !
– Mais, maman…
– Une princesse ne parle pas la bouche pleine. Elle ne marche pas en regardant ses pieds…
Ségolène soupire. Vivement que je sois une grande personne !

Mais une princesse ne doit-elle pas donner l'exemple ?
– Quel cadeau désirez-vous recevoir pour vos six ans ? lui demande la reine.
La fillette réfléchit, puis elle dit :
– Ce jour-là, j'aimerais être la fille du jardinier. Ou celle du boulanger !
– Quelle curieuse idée ! Être la fille chérie d'un roi ne vous convient pas ?
– Je ne peux même pas vous embrasser, ma mè... Votre Majesté, de crainte de déranger votre couronne. Quant à mon père, le roi, il est toujours si occupé qu'il n'a pas le temps de me regarder.

– Ce cadeau ne peut vous être accordé. C'est un caprice de petite fille gâtée. On ne change pas de parents comme de chemise ou de jouet. Choisissez autre chose !

Ségolène réfléchit encore un moment...

– Que Votre Majesté me permette d'inviter des enfants de mon âge et me laisse vivre cette journée à ma fantaisie.

– Je vous accorde cette permission. Invitez qui vous voulez.

La fille du roi invita les enfants des serviteurs du château et tous ceux du village. Ils arrivèrent déguisés en princes et en princesses avec sur la tête des couronnes en carton et en fausses perles.
Ségolène portait une robe de paysanne empruntée à la fille de la lingère.
Durant toute la journée, notre jeune princesse fit tout ce qui lui était interdit.
Elle mangea avec les doigts, se barbouilla de chocolat, de confiture, engouffra des gâteaux à la crème qui dégoulinaient sur sa robe.

Ses invités visitaient les salles du château. Quand ils se croisaient, ils se pliaient en de profondes révérences en disant d'un air pincé :
– Comment allez-vous, Altesse ?
Vraiment, ça les amusait beaucoup.
– Comme c'est beau chez toi ! s'extasiait Stéphanie, la fille du boulanger.

– Tu sais, la vie dans un château, c'est souvent triste, dit Ségolène.
– Veux-tu que nous changions ? Tu prends ma place à la boulangerie et moi je m'installe ici. J'ai toujours rêvé d'être une vraie princesse.
– Oui ! Chic, alors ! s'écria Ségolène. Je rêve de vivre avec des parents simples qui me regardent et qui me parlent.
– Tu sais, il faudra que tu travailles, ajouta Stéphanie.
– Vendre du pain, quel bonheur !

Quand la fête se termina, Ségolène sortit du château dans sa robe de paysanne et se rendit à la boulangerie. Les parents de Stéphanie se montrèrent étonnés, mais ils acceptèrent cet échange. Ce n'était qu'un jeu.
Le roi et la reine ne s'aperçurent même pas que leur fille n'était plus la même. Ils étaient tellement distraits !
Du matin au soir, Ségolène jouait à la boulangère. Le premier jour, ce fut très amusant, le deuxième toujours autant :
– Et un pain rond pour madame, deux croissants pour monsieur, un kilo de farine, une tarte aux pommes !
Elle emballait, encaissait l'argent, courait au fournil, revenait pour servir les clients !

Le troisième jour, elle se leva péniblement, tant elle se sentait fatiguée.
Le quatrième, elle demanda :
– Est-ce que je peux aller me promener ?
– Finis ton travail, ensuite tu seras libre de sortir.
La nuit était tombée quand Ségolène plia son tablier et s’en alla se coucher :
– C’est donc ça, la vie d’une fille de boulanger !

Au château, Stéphanie avait tout visité. Elle commençait à s'ennuyer de ses parents, de son travail ; la bonne odeur du pain lui manquait. Elle n'enviait plus du tout Ségolène.
Alors, au soir du septième jour, on vit les fillettes regagner, l'une son château, portant une couronne de perles et de diamants sur la tête, l'autre sa boulangerie avec une couronne de pain sous son bras. Toutes deux furent accueillies avec joie et soulagement.
– Enfin vous voici revenue ! s'écria la reine en serrant si fort sa fille dans ses bras que sa couronne bascula.
Elle s'était donc aperçue de sa disparition ?
– Il était temps que tu reviennes, dit la boulangère à Stéphanie. Ton père était si triste de ne plus te voir qu'il a laissé brûler sa fournée.

Les deux fillettes reprirent leur place dans leur foyer, et aussi leurs habitudes.
Désormais, Ségolène a une amie. Elle ne s'ennuie plus. Elle sait qu'elle est aimée de ses parents, même s'ils sont un peu trop sévères à son goût.
Parfois, il lui arrive d'aller vendre du pain à la boulangerie.
Et Stéphanie est toute fière d'être devenue l'amie d'une vraie princesse. Dans la boulangerie du village, on vend maintenant un gâteau qui s'appelle : Princesse Ségolène. Il est délicieux !

La princesse aux 999 chaussures

Sophie Cottin - Oreli Gouel

Taya est une princesse et, comme toutes les princesses, elle habite un château, se déplace en carrosse et a au moins cinq cents robes dans son armoire.

À chaque robe sont assortis une couronne, un sac, un collier, un bracelet et une paire de chaussures, ce qui fait mille chaussures !

Sa maman, la reine, a décidé de l'inscrire à l'école du village. Seulement les enfants n'osent pas trop lui parler ou jouer avec elle. C'est une princesse, tout de même !

Tous les matins, pour choisir sa tenue, elle parcourt avec la reine sa gigantesque armoire.
Quand elle est de bonne humeur, ça va vite, mais si elle est mal lunée, cela peut durer toute la matinée. Certains jours, sa maîtresse est même obligée de l'attendre pour commencer la classe.

Ce matin, comme tous les matins, Taya se prépare avec la reine. Elle veut mettre sa robe rose avec les fraises, la couronne violette, le collier jaune, le bracelet rouge, le sac avec les coquillages et les chaussures en satin violet avec une boucle en or.

– Je ne trouve pas ta deuxième chaussure, dit la reine, mais tu peux mettre celles-ci !
– Non, dit-elle sans regarder.
– Alors, prends les sandales bleues ou les escarpins à pois.
– Non, c'est non !
– Bon, ça suffit ! Dépêche-toi, nous sommes en retard !
– Non ! Non et non ! Puisque c'est ainsi, je ne vais pas à l'école, répond Taya en boudant.

La reine s'impatiente, elle trouve que Taya exagère.

– Puisque c'est ainsi, tu iras à l'école en pyjama.
La reine l'attrape par le bras et l'emmène à l'école.
Vexée, Taya trépigne, pleure, renifle, se débat, trébuche et tombe tête la première dans la boue.
Lorsqu'elle arrive à l'école, un des garçons éclate de rire :
– La princesse s'est trompée de jour, ce n'est pas carnaval aujourd'hui !

Taya a les larmes aux yeux. La maîtresse, émue, vient à son secours :
– Et pourquoi pas ? propose-t-elle. Je déclare la classe terminée.
Que le carnaval commence !
Les enfants sont enchantés. Ils jettent cahiers et stylos, montent sur les tables, se maquillent avec de la peinture et entraînent Taya dans une ronde.

– ♪ ♪♪♪ Ce n'est pas mardi gras, ♪♪ mais nous sommes tous des rois
♪♪ puisque nous sommes fous de joie ! ♪♪♪

Taya s'amuse et maintenant, c'est sûr, les enfants ne seront plus timides.
La reine n'a jamais retrouvé la chaussure.
Maintenant Taya a cinq cents robes, 999 chaussures et plein d'amis.

Les cadeaux de Misato

Calouan - Evelne Duverne

Il y a bien longtemps, vivait un empereur puissant et respecté. Mais chaque soir, quand le soleil se couchait, ce grand homme se désespérait. Il n'avait pas d'enfant.

L'empereur Hu Ling venait d'avoir quarante ans quand son épouse lui apprit que le prodige s'était réalisé. Il accompagna avec attention le développement de son ventre, et ce fut un grand bonheur au palais lorsque Misato poussa son premier cri.

– C'est une fille ! L'empereur Hu Ling a une fille !!
Misato grandissait entourée d'amour et d'attention et devenait une jolie petite fille à la peau laiteuse et fine, aux joues roses et aux cheveux luisants, aussi noirs que le jade.

Quand elle eut quatre ans, sa maman mourut, et Misato en fut extrêmement peinée.
L'enfant devint pour l'empereur son amour le plus précieux.
Elle ressemblait de plus en plus à sa mère.
Misato était fière de son père et le chérissait tendrement, mais son cœur était lourd comme la pierre.

Il la comblait de présents et Misato devintcapricieuse.
Puisque personne ne pourrait lui rendre sa maman,
elle imposait les plus incroyables souhaits.

Pour ses cinq ans, elle demanda un petit lionceau, et il fallut aller très loin hors de l'empire pour ramener l'animal à la petite fille. Le bébé lion devint vite un adulte et c'était dangereux de le laisser en compagnie de Misato. On dut se séparer du lion.

À son dixième anniversaire, elle demanda une robe brodée avec des rayons du soleil. L'empereur convoqua les meilleurs couturiers. Ceux-ci se rendirent au sommet de la plus haute montagne de l'empire.
En grimpant sur les épaules l'un de l'autre, ils formèrent une pyramide fort élevée. Et l'espace d'une seconde, le plus perché des modélistes tendit bien haut son bras et il agrippa un fil d'or, arraché avec délicatesse
à l'astre lumineux.

Les couturiers avaient réussi là un beau prodige et la princesse eut sa robe brodée. Hu Ling, fou de joie et de reconnaissance, les félicita amplement.
Cependant, la petite princesse regretta que sa maman ne soit pas là pour l'admirer dans sa splendide robe, lors de la grande fête qui était donnée en son honneur.
Elle rangea pour toujours l'habit doré et s'enferma un peu plus dans sa tristesse.

Au matin de ses quinze ans, alors que Misato se promenait dans les jardins du palais, elle contemplait la fragilité des roses si chères à sa maman. Le soleil, qui se levait au-dessus des arbres, fit étinceler les gouttes de rosée posées sur les pétales des superbes fleurs. La nature semblait resplendir, et elle ressentit fortement la beauté sauvage du moment.

Elle se dit que ce serait un merveilleux hommage à sa maman si elle portait au cou un collier de ces perles de rosée.

Elle rentra précipitamment au palais, réveilla l'empereur et exposa sa requête. Hu Ling, attendri, ne put refuser. Encore une fois, les désirs de sa fille lui paraissaient impossibles à satisfaire, mais si cela pouvait lui rendre le sourire !

Sur-le-champ, il ordonna aux meilleurs orfèvres de réaliser le bijou .

Chaque matin, au lever du soleil, ils se rendaient dans les jardins du palais et tentaient, en vain, de capturer ces perles.
Ils revinrent le cinquième jour, bredouilles.

– Où est le bijou ? questionna Hu Ling, redoutant la réponse qui allait suivre.

– Votre Majesté, vous le savez aussi bien que nous, personne ne peut fabriquer un tel collier, expliquèrent tristement les artisans.

Misato, déçue de ne point posséder ce bijou dont elle avait rêvé, rentra dans une furieuse colère.

À cet instant, un vieil homme fit son apparition.
Il s'avança vers l'empereur si respecté et lui proposa :
– Puisque la princesse Misato, fille unique de Votre Altesse, souhaite ce collier, je vais fabriquer ce bijou mais à une condition.
– Tout ce que tu demanderas, vieil homme, sera accepté sans discuter, approuva sans tarder l'empereur.
– Puisque ce collier est un hommage à l'impératrice décédée, il faut que ce soit la princesse qui choisisse elle-même les perles les plus magnifiques.

Il n'en fallut pas plus à Misato pour qu'elle accoure vers le carré de roses dans les jardins du palais, afin de tenter de récolter les plus belles gouttes.

Zuitttt !! Dès que la princesse en soulevait une avec le creux de sa main, celle-ci s'évanouissait aussitôt. Elle essaya encore et encore !
Vexée, elle se retourna vers le vieillard qui attendait patiemment à ses côtés.

– Je n'y arriverai jamais. Ces perles de rosée s'échappent d'entre mes doigts dès que je les saisis...
– Veux-tu dire qu'il est impossible de fabriquer un tel bijou ?

Misato dut admettre, toute honteuse, que c'était effectivement impossible. Des larmes coulaient de ses yeux. Elle aurait aimé que sa maman soit là pour se blottir dans ses bras.

– Comprends-tu, belle princesse, que tu ne peux demander à d'autres ces choses impossibles ?

Depuis ce jour, la princesse Misato est devenue aussi douce que belle et s'occupe, en souriant, du jardin du palais. Il y a même désormais des roses sublimes, appelées roses « Impératrice » qui fleurissent chaque année, toujours plus abondamment.

Silence, princesse Zélie !

Calouan - Jessica Secheret

Dans le royaume de Dorési, la princesse Zélie cassait les oreilles de tout le monde. Avec sa voix haut perchée, elle faisait fuir ceux qui la croisaient dès qu'elle ouvrait la bouche :

– Bonjour, cher *amiiiiiii* ! Je suis la princesse *Zéliiiiiiiie* !

Souvent, les vitres éclataient ou les verres de vin se brisaient en mille morceaux quand elle parlait. Pourtant Zélie était fort jolie, et de nombreux prétendants venaient la visiter au château. Mais quand Zélie répondait :

– *Ouiiiii, ouiiiiiii*, je vous veux comme *mariiiiiii*, le prince prenait ses jambes à son cou et courait le plus loin possible de la fiancée, abandonnée.

Le roi, son père, en eut assez. Il demanda conseil aux meilleurs médecins. Zélie prit une cuillère de miel d'acacia dans un jus de citron chaud, dix fois par jour, pour adoucir le ton de sa voix.

– Hum, quel déliiiiiiice ! J'adore le miel, merciiiiiiii !

Zélie mangeait des gros bonbons mous à longueur de journée pour étouffer ses paroles stridentes, mais vite elle prit du poids et s'en désola :

– Quel souciiiiiii ! Regardez comme j'ai grossiiiiiii !

Il fallut arrêter le miel et les bonbons mous. Et Zélie se mit au régime !

On lui proposa un professeur de chant pour lui apprendre à moduler sa voix. Le maître s'arracha un par un les quelques cheveux qui lui restaient. Il n'eut pas le courage de persévérer…

– *Reveneeeeez* ! Je sens *dééééjà* que j'ai *progresséééé* !

Emportant partition, flûte et tout le reste, notre compère s'en alla dare-dare sans jamais se retourner.

On lui mit donc un chat dans la gorge. Le pauvre tremblait à l'idée de cohabiter avec cette jouvencelle. Il s'installa grassement dans les cordes vocales de Zélie qui toussa, toussa et toussa encore.

– *Heeeeuuuu ! heeeeeuuuu ! heeeeuuuuu* ! tempêtait-elle en crachant et hoquetant à longueur de journée.

C'était assourdissant, et il n'y eut pas d'autre moyen pour la faire taire que d'évacuer d'urgence le félin tout énervé.

– C'est *finiiiiiii* ! Me voilà *guériiiiiiie* ! soupira la princesse.

Zélie avait retrouvé sa voix et s'en donnait à cœur joie de le montrer.

– Mes chériiiiiiis ! Zéliiiiiiie est iciiiiiii !

Assez ! On distribua des bouchons à chacun, qu'ils se glissèrent dans les oreilles. On pensa à un bâillon pour étouffer ses sons.

– Mmmm ! mmm ! mmmm !

On crut le silence enfin revenu ! Ouf ! Chacun respirait enfin. Les oiseaux gazouillaient à nouveau. Le paradis, quoi !!!

Mais Zélie hurlait sous son bâillon et devint bientôt si rouge que le roi prit peur. Il retira le bâillon d'un coup sec et on entendit alors un retentissant :

– Ça *sufiiiiiiit* ! Laissez-moi parler *tranquiiiiiiiille* !!!

C'est alors qu'un nouveau prétendant se présenta au château de la princesse. Il était bien beau, ma foi, et le roi espérait vraiment qu'il sauverait le royaume en emportant sa fille vers d'autres cieux.

Aussi quand Zélie accepta sa demande :

– *Ouiiiiiii* ! Tous retinrent leur souffle, pensant voir s'enfuir le bellâtre.

Mais pour toute réponse, un petit : « Comment ? » surprit la belle.
Car Maxime était sourd et ne semblait pas gêné par la voix haut perchée de Zélie.
Le mariage fut célébré au plus vite ! Et on assure qu'ils vécurent longtemps heureux.

La princesse Follette Mignonnette

Corinne Machon - Virginie Martins

Le roi Gudule vivait dans la crainte perpétuelle d'une attaque ennemie. Son château fort était plus que fortifié, et des centaines de soldats en sentinelle montaient la garde jour et nuit.
Tout bruit était interdit. On avait même inventé un système unique en matière de défense. C'était un boîtier muni d'un énorme bouton rouge, qui par simple pression déclenchait une alarme et un plan de défense contre toute forme d'attaque.
C'est dire si l'on était au point.

Or, un beau jour, la princesse Follette Mignonnette passa par là. Immédiatement averti de sa présence, le grand chef des armées vint à sa rencontre et lui donna la liste des impératifs auxquels il fallait se plier pour être reçu par le roi.

La princesse n'en avait que faire. Elle haussa les épaules.

– Votre Gudule est nul ! Il ne gâchera pas mes vacances, alors laissez-moi passer ou je crie si fort que votre roi en fera une attaque !

Tout de suite, le mot parvint aux oreilles du roi.
– Que se passe-t-il ? On m'attaque, c'est bien ça ?
Où est mon bouton rouge ?
– Sire, calmez-vous ! Ce n'est que la princesse Follette Mignonnette qui vient nous rendre visite.
– L'a-t-on méticuleusement fouillée ? L'a-t-on passée au détecteur de mensonges, au détecteur de métaux ? A-t-on vérifié qu'elle avait sur elle une autorisation spéciale, signée, tamponnée et cachetée ?
– Votre Majesté, dit le chef des armées dans un élan de courage, j'ai bien peur, hélas ! que cette jeune personne soit d'un caractère qu'on ne muselle pas facilement.
– Et celui qui m'interdira de faire quelque chose n'est pas encore né ! coupa la princesse.
En la voyant, Gudule eut le souffle coupé.

Tant de beauté, tant de grâce ! Voilà qui le changeait de ses gardes à moustaches.

– Emparez-vous d'elle ! hurla-t-il. Ficelez-la bien, je l'épouse sur-le-champ dans le plus grand secret pour ne pas qu'on me la fauche.

– Mon ami, du calme ! s'indigna la princesse. Je suis contre votre idée de ficelage, mais je dois avouer que je vous trouve plutôt amusant. Je ne suis pas contre un dîner. Disons ce soir, 19 heures...

Ce fut un merveilleux dîner avec un
garde derrière chaque bougie.
Au moment du dessert, le roi confia
à la princesse sa peur maladive.
– J'ai peur qu'on me dépossède de ce que je possède,
et je fais surveiller la terre et le ciel, jour et nuit.
Je fais même vérifier sous mon lit…
– Allons, allons, calmez-vous un peu, mon ami.
Ce soir, c'est moi qui vérifierai tout. Venez,
il est grand temps de vous mettre en pyjama.

Follette Mignonnette congédia les gardes.
Elle accompagna le roi dans sa chambre et vérifia
comme elle le lui avait promis les moindres recoins.
Puis, avec une extrême douceur, elle l'aida à se mettre au lit,
le borda et s'approcha tout prêt pour l'embrasser.
Le roi était sur un nuage !

Mais voilà que le pied de notre jolie princesse
heurta quelque chose auquel plus personne
ne pensait : le **bouton rouge** !
Aussitôt, une alarme hurlante et assourdissante retentit
dans tout le royaume. Immédiatement, l'armée sortit
dans une pagaille épouvantable.

Quand, au bout d'un moment, on se rendit compte qu'il y avait une erreur, on s'aperçut avec effroi qu'un mur du château s'était entièrement écroulé. C'était le mur de la chambre royale.

Assis sur son lit royal en compagnie de la princesse, au milieu des édredons déplumés, le roi n'avait plus peur de rien et tous deux riaient aux éclats.

– Ma mie, j'avais sans cesse peur d'une attaque, c'est vous qui êtes venue et avez ravagé mon cœur.

Voulez-vous m'épouser ?

La princesse accepta et, depuis ce jour, chacun vit serein. Les canons et toute l'artillerie ont été rangés pour faire place à des parterres de fleurs où chacun se promène comme bon lui semble. Et, comme l'armée a été licenciée, le fidèle garde de sa majesté s'est reconverti en jardinier !

Le cadeau de Marraine

Françoise le Gloahec - Cathy Delanssay

– Ça y est ! Aujourd'hui, j'ai cinq ans ! s'écrie Chloé.
Marraine va arriver. Pour me faire un bisou,
pour manger mon gâteau d'anniversaire, et tout et tout.
– Et t'apporter des cadeaux ? demande Théo.
– J'ai droit à un seul. Mais il est très gros.
Tout brillant ! Marraine l'a dit à maman.
Juste à ce moment se pose le carrosse volant.
Marraine en descend.
Où est le cadeau ? Chloé est très pressée.
Elle sautille sans arrêt, mais n'ose pas le demander.
Réclamer est très mal élevé. Surtout chez les fées.
Tous les bisous sont finis. Et Chloé s'ennuie.
Marraine a compris. Des plis de sa robe couleur de lune,
elle sort une boîte. Légère comme une plume.
– Joyeux anniversaire, ma Chloé !

Le paquet est tout petit, se dit Chloé.
Je n'aurai pas de poupée ensorcelée.
Même pas un chaudron qui fabrique des bonbons.
La petite fille tire sur le ruban. Mais il se défend.
En la chatouillant. Chloé insiste. Mais lui il résiste.
Encore un peu.
Enfin Chloé défait le nœud. Et le ruban s'envole.
Elle déchire le papier. Mais il se recolle.
– Ne le laisse pas commander, dit marraine.

– C'est MON cadeau ! se fâche Chloé. Laisse-toi enlever !
Alors le papier obéit. Il s'ouvre, fait un pli. Des milliers d'étoiles s'échappent aussitôt.
– Un coffret ! s'écrie Chloé. Oh ! Il s'ouvre ! C'est une baguette magique ! Comme la tienne, marraine ! Comme celle de maman ! Génial ! Je suis la fée Chloé !

Au pays des Merlinguettes

Calouan - Cathy Delanssay

Au pays des Merlinguettes, les fleurs sont immenses, multicolores, envahissantes, odorantes. Superbes. Les arbres donnent des fruits pulpeux, gorgés de jus délicieux, de nectar succulent. Un vrai régal, vraiment.

Au pays des Merlinguettes,
il y a des animaux tout partout,
des grands, des marron,
des noirs, des bleus, des blancs,
des petits, des poilus, des touffus,
des minuscules, des gentils, des tendres,
des grognons, des volants...

La vie est un paradis au pays des Merlinguettes et ses habitants sont les plus heureux du monde.

Mais depuis quelques jours, les fleurs penchent la tête, les animaux ne courent plus, les arbres perdent leurs feuilles et leurs fruits restent verts.

Au pays des Merlinguettes, désormais Madalena est inquiète. Qui peut donc causer une telle peine dans ce pays pour que la vie en soit à ce point désolée ?

Madalena est une fille qui aime croquer les fruits à pleines dents, qui cueille d'énormes bouquets parfumés pour sa maman et fait la course avec les chiens blancs.

Madalena est douce, curieuse, maligne. Elle aime la nature qui l'entoure et elle sait combien la vie au pays des Merlinguettes est appréciable.

Madalena est la fille de Zora et de Huberto, la reine et le roi du pays des Merlinguettes. Madalena est une petite princesse heureuse. Mais aujourd'hui, elle veut sauver son royaume de la tristesse qui l'envahit.

Elle ne voit pas d'autre solution que d'appeler Irimé, sa douce marraine. Irimé, la fée qui veille sur elle avec tant de félicité.
– Irimé, ma douce marraine, descends vers les Merlinguettes voir ce qui m'inquiète…
Aussitôt dit, aussitôt fée, euh… fait ! Irimé est déjà là.

– Dis-moi donc, chère enfant, ce qu'ici-bas te pose du tracas !
Madalena l'entraîne, lui montre les champs, les animaux, les fleurs, lui explique qu'elle ne sait pas pourquoi et ne comprend pas comment.
Irimé regarde, observe, réfléchit… Certes, il y a un souci.

Elle s’accroupit devant les fleurs et les caresse.
Elle se serre contre les troncs d’arbres et les écoute.
Elle flatte le museau de quelques chiens et les sent.
– Ils manquent tous de chaleur. Ils tremblent,
ils ont froid, ils ont besoin de plus de soleil…

Et, d'un seul mouvement, Irimé et Madalena lèvent leur nez vers le ciel et cherchent l'astre solaire qui d'ordinaire rayonne de mille feux.
Mais oui ! Un gros nuage gris cache l'éclat du soleil.
Madalena frissonne...

Irimé sourit.
Elle va s'en occuper de ce gros flocon grisé qui s'est installé sur le pays des Merlinguettes.
En quelques coups d'ailes, elle le rejoint. Irimé le touche de sa baguette, elle le rend plus léger. Il devient blanc, vaporeux et va retrouver ses cousins qui logent au fond de la vallée.

Ici, au pays des Merlinguettes, tout le monde a besoin du soleil, de sa chaleur, de ses rayons. Le nuage a bien compris. Irimé le remercie. Le soleil réapparaît, plus lumineux que jamais. Merci, Irimé !!

Chemin faisant, il vit une belle jeune fille en train de travailler au milieu d'un champ, une chèvre à côté d'elle. Vite, il se cacha derrière un buisson et sortit sa longue vue pour mieux l'espionner.

« Elle est bien belle et travailleuse, pensa-t-il tout bas. Une fois mariée, elle pourra travailler pour moi, cela ne me coûtera rien. »
Il alla chercher son vieux majordome et l'entraîna derrière le buisson.
– Regarde cette jeune fille, là-bas. Va voir ses parents et dis-leur que je lui fais l'immense honneur de devenir ma femme.

Et, d'un seul mouvement, Irimé et Madalena lèvent leur nez vers le ciel et cherchent l'astre solaire qui d'ordinaire rayonne de mille feux.
Mais oui ! Un gros nuage gris cache l'éclat du soleil.
Madalena frissonne...

Irimé sourit.
Elle va s'en occuper de ce gros flocon grisé qui s'est installé sur le pays des Merlinguettes.
En quelques coups d'ailes, elle le rejoint. Irimé le touche de sa baguette, elle le rend plus léger. Il devient blanc, vaporeux et va retrouver ses cousins qui logent au fond de la vallée.

Ici, au pays des Merlinguettes, tout le monde a besoin du soleil, de sa chaleur, de ses rayons. Le nuage a bien compris. Irimé le remercie. Le soleil réapparaît, plus lumineux que jamais. Merci, Irimé !!

Maintenant, de nouveau, au pays de Merlinguettes, les fleurs sont immenses, multicolores, envahissantes, odorantes. Superbes.
Les arbres donnent des fruits pulpeux, gorgés de jus délicieux, de nectar succulent. Un vrai régal, vraiment.
Au pays des Merlinguettes, il y a des animaux tout partout, des grands, des marron, des noirs, des bleus, des blancs, des petits, des poilus, des touffus, des minuscules, des gentils, des tendres, des grognons, des volants…
La vie est redevenue un paradis au pays des Merlinguettes et ses habitants sont les plus heureux du monde.

Isabelle la chèvre

Corinne Machon - Jessica Secheret

Il était une fois un vieux roi qui était très riche et très laid. Il était si avare que son château n'était jamais chauffé, de sorte qu'il était enrhumé, larmoyant et renifleur. Ce vieux grincheux n'était bien sûr pas marié, et ceci l'inquiétait beaucoup. Il savait que, s'il venait à mourir sans héritier, tous ses biens reviendraient au peuple et ça, il ne le voulait pas.
Un matin de bonne heure, il décida d'aller arpenter la campagne pour trouver la femme qui lui conviendrait.

Chemin faisant, il vit une belle jeune fille en train de travailler au milieu d'un champ, une chèvre à côté d'elle. Vite, il se cacha derrière un buisson et sortit sa longue vue pour mieux l'espionner.

« Elle est bien belle et travailleuse, pensa-t-il tout bas. Une fois mariée, elle pourra travailler pour moi, cela ne me coûtera rien. »
Il alla chercher son vieux majordome et l'entraîna derrière le buisson.
– Regarde cette jeune fille, là-bas. Va voir ses parents et dis-leur que je lui fais l'immense honneur de devenir ma femme.

Mais, entre-temps, la jeune paysanne s'en était allée chercher de l'eau au puits pour sa chèvre.

– Quelle jeune fille ? demanda le majordome. Je ne vois pas de jeune fille !

– Regarde dans la lorgnette, pauvre sot ! Elle est là, au milieu du champ ! Il n'y a qu'elle ! La vois-tu, oui ou non ?

Le pauvre majordome, qui en avait assez de prendre des coups et qui détestait le roi, fit un signe de la tête.

– Oui, oui, ça y est, je la vois, Sire.

– Vois-tu comme elle est belle et costaude ? demanda le roi en reniflant.

– Oui, oui, dit le majordome en regardant la chèvre brouter. Je la vois, Sire.

– Alors, cours chez ses parents, dépêche-toi et reviens avec une bonne nouvelle, sinon tu auras cent coups de bâton.

En chemin, le majordome pensait : « Le rhume lui sera monté au cerveau, c'est sûr ! Mais une chèvre, c'est bien là tout ce qu'il mérite ! »
Lorsqu'il arriva dans la cour de la ferme, il trouva le paysan et la jeune fille.
– Nous avons déjà payé nos impôts ! se mit à hurler celle-ci en le voyant. Nous n'avons plus rien, alors fichez le camp !
– Je vous en prie, je ne viens pas pour ça.
– Et pourquoi, alors ?
– Comment se nomme votre chèvre ?
– Isabelle ! dit le fermier. Mais elle est à nous, pas question de la donner au roi.
– Il ne s'agit en aucun cas d'une donation, mais plutôt d'un mariage. Sa Majesté veut épouser votre... euh... Enfin, mademoiselle Isabelle !

Le paysan regarda sa fille et tous deux éclatèrent de rire.

– Je vous en prie, s'écria le vieux majordome d'un ton suppliant, ne dites pas non, sans quoi je suis bon pour les coups de bâton. Mon vieux dos ne le supporterait pas. La cérémonie aura lieu demain et, quelques heures avant, la femme de chambre de Sa Majesté viendra pour habiller la… la future mariée.

Ils rirent de plus belle mais, détestant le roi, ils acceptèrent de donner la main de leur chèvre.

Le roi, ravi, essuya son gros nez et dit d'un air orgueilleux :
– Demain, je renvoie le jardinier. Ma femme prendra sa place au jardin !
Le lendemain matin, comme prévu, la femme de chambre du château vint pour habiller la future épouse. Elle fut très troublée en la voyant, mais, comme elle détestait le roi, elle prit un réel plaisir à faire son travail avec soin et ne négligea aucun détail.
Isabelle la chèvre était d'un caractère doux et tout se passa bien. Elle se laissa habiller et on fixa une jolie couronne de fleurs sur sa tête. Il ne restait plus qu'à la conduire au château.

Avec son escapade matinale, le rhume du roi avait pris une ampleur monstre. Il en tenait d'ailleurs son majordome entièrement responsable. Assis sur son trône, le dos tout voûté, il respirait de l'eucalyptus, le visage enfoui sous une serviette de toilette pour ne pas laisser les vapeurs s'échapper.

– Voulez-vous reporter la cérémonie ? demanda gentiment le vieux majordome.

– Qu'on en finisse ! dit le roi en toussant, prêt à s'étouffer. Qu'on en finisse et qu'on me laisse aller me coucher !

Ainsi, en cette belle journée de printemps, Isabelle la chèvre devint l'épouse légitime du roi. Et les derniers mots du maître de cérémonie furent, comme dans chaque mariage :

– Vous pouvez embrasser la mariée !

Le roi grincheux ôta sa serviette et colla ses lèvres à celles d'Isabelle. Immédiatement, il ouvrit les yeux tout grands et poussa un cri horrible en découvrant que sa femme avait quatre pattes, une barbiche et qu'elle mâchouillait ses dentelles. Il en tomba raide mort d'une crise cardiaque. Tout le monde applaudit la nouvelle reine qui mangeait son bouquet nuptial avec ardeur.

Et savez-vous ce que l'on raconte ? Tous les biens du roi furent partagés. Quant à la reine Isabelle, elle vécut longtemps. Chaque jour, elle broutait les pelouses du château. Son lait était doux et parfumé et, de ce fait, elle donnait le plus merveilleux de tous les fromages, royal, bien évidemment !

La fête des fées

Calouan - Oreli Gouel

Aujourd'hui, au pays enchanté, c'est la fête. La fête des fées.
Tout le monde est léger, sautillant et gai. Barnabé, le petit lutin, a pris sa flûte et s'est mis à jouer. Mathurin au tambourin a décidé de l'accompagner. Édouard a empoigné son banjo. Et Alphonse mène le bal.
Que c'est beau !
Les mésanges ont pris leur plus belle voix pour siffler mille beaux chants.
Dans l'air, une multitude de notes de musique papillonnent.
Mélinda, la jolie luciole, a illuminé le ciel. Ses douces amies ont fait une guirlande fluorescente qui brille d'arbre en arbre.

Les abeilles ont préparé un miel des plus savoureux
que Noël, l'ours bougon, tartine sur du pain croustillant.
C'est le mets préféré des fées. Alors, c'est sûr, elles vont se régaler.
Les abeilles bourdonnent autour de Noël, fières de leur nectar doré.
Elles surveillent si ce gourmand n'en mange pas trop. Il est déjà bien gros.

De belles pommes croquantes décorent les grandes tables. Les nappes blanches sont chargées de savoureux desserts. De grosses fleurs parfumées embaument tous les nez. C'est un véritable festival coloré. Les petites souris ont ramassé des perles de nuit, des perles de pluie, des perles de folie et elles en font de superbes colliers qu'au cou des fées elles vont glisser.

Et, sur leurs têtes,
les fées ont posé des
couronnes d'aubépine et de
rubans mêlés
qui auréolent leur chevelure tressée.
Tout le monde est prêt ?
La fête peut commencer.
Venez, vous êtes tous invités !

Aurore, Julia, Serina, Lison
et toutes les petites fées ont chaussé
leurs beaux souliers couverts de grelots dorés.
Elles se sont mises à danser et, à leurs pieds,
les fragiles clochettes ne cessent de tintinnabuler.
Et soudain, un roulement de tambour
retentit : tout le monde attend...
Mélinda étincelle, plus belle que jamais.

Aurore s'avance, souveraine :
– Aujourd'hui, vous le savez,
nous vous avons conviés à cette fabuleuse fête
pour que nous puissions célébrer le mariage
de notre jolie fée Yaline avec notre elfe poète Herbert.
Et dans un halo de lumière d'étoiles,
Yaline apparaît au bras du superbe Herbert.
Ses ailes sont brodées de mille pierres précieuses
et sa robe en fil de soie blanc est si vaporeuse
qu'elle pourrait s'envoler au premier souffle d'air.
Herbert, amoureux, resplendit.
Cela fait longtemps qu'il aime cette jolie fée
et il est heureux aujourd'hui de l'épouser.
Tout le monde applaudit et acclame les mariés.

Les fées réunies déposent aux pieds de leur amie
un bouquet fait de fleurs du bonheur, de fleurs du plaisir,
de fleurs de l'éternité et de fleurs de l'amour.
À la fin de la soirée, les petites fées ne sont pas fatiguées.
Elles se réunissent en grande farandole pour danser.
Barnabé, Mathurin et Édouard sont à l'orchestre.
Bientôt, la nuit est là, il faut rentrer.
C'est l'heure pour nous aussi d'aller nous coucher.
Avec dans la tête encore tant de beaux souvenirs
de cette belle fête des fées !

La fée Harmonie

Mireille Saver - Jessica Secheret

Au royaume des fées, Harmonie est la plus jolie et la plus gentille de toutes les jeunes fées. Mais c'est aussi la plus étourdie ! Elle oublie toutes les formules magiques, sauf une, sa préférée : celle qui transforme les crapauds en princes. Chaque soir, en revenant de l'école, elle transforme tous les crapauds qu'elle croise sur son chemin. Harmonie tourne trois fois sur elle-même, bat des ailes et récite en s'amusant :

–*Clararifontaine* ! Que ce crapaud tout laid se change en prince bien fait !

Malheureusement, les grenouilles ne sont pas satisfaites et se plaignent au roi des fées.
– Nous n'avons plus de mari, disent les grenouilles. C'est la faute à Harmonie.
Bientôt, le roi voit venir frapper à sa porte des dizaines de princes.
– Il n'y a pas assez de princesses dans votre royaume. Quel scandale ! disent les princes. C'est la faute à Harmonie !

Alors, le roi convoque Harmonie et lui ordonne de redonner, immédiatement, à tous ces princes, leur forme de crapaud.

Mais voilà, la petite fée Harmonie a complètement oublié la formule magique. Pourtant, elle veut réparer son erreur. Elle s'approche d'un prince, tourne trois fois sur elle-même, bat des ailes et dit :

– *Clapatomitaine* ! que ce prince en beau manteau devienne un crapaud.

Aussitôt, le prince se transforme en… marmite !

Affolée, Harmonie cherche un autre prince et essaie de se rappeler une formule, puis une autre, sans succès.

En quelques minutes, des dizaines d'objets de toutes sortes sautent et crient autour d'elle. Alerté par tout ce tintamarre, le roi des fées lui vient en aide et tout rentre dans l'ordre.

Mais, depuis ce jour, Harmonie ne récite plus de formules magiques.

Cependant, un soir, elle rencontre un prince, monté sur un magnifique cheval blanc. Harmonie comprend tout de suite que c'est un vrai prince, pas un crapaud transformé !

– N'y a-t-il pas de princesse dans ce royaume ? Je n'en vois aucune, demande le prince.

Harmonie vient juste d'apprendre la formule qui transforme les souris en princesses. Par chance, une petite souris se cache sous une feuille. Mais au moment de réciter les mots magiques, Harmonie hésite... Elle a peur de se tromper.

– Je suis désolée, bégaie Harmonie. Je suis tellement étourdie…
– Ce n'est rien, dit le prince. Je vais chercher ma princesse moi-même.
Le prince semble si malheureux que la petite fée tourne trois fois sur elle-même, bat des ailes et murmure distinctement :
–*Abrocochiba* ! que cette souris peureuse devienne une princesse gracieuse.

Aussitôt, la petite souris se transforme en princesse.
Quelques instants plus tard, sous le regard satisfait de la fée Harmonie, un prince et une princesse s'éloignent sur un beau cheval blanc.
– Hourra ! s'écrie Harmonie. Je suis peut-être étourdie, mais j'ai tout de même réussi… hourra !

L'amour de Violine

Calouan - Évelyne Duverne

Violine était une petite fée douce et agile. Avec sa queue de dragonne et ses petites ailes sur son dos de femme, elle n'apparaissait que rarement aux humains, qui en auraient eu peur. Mais Violine ne souhaitait effrayer personne.
Chaque soir, à la tombée de la nuit, elle sortait de son repaire et rejoignait la plaine. Là, elle dansait la plus envoûtante des rondes. Sans fatigue ni relâche, elle tournait et virevoltait durant des heures, égrainant sur son fin pipeau d'étranges notes de musique qui ensorcelaient la nature.

Un soir, pourtant, notre dragonne féerique eut un visiteur. Elle continua de danser, majestueuse et légère. Sa musique était plus langoureuse que jamais, et Benoît tomba immédiatement amoureux.
Il ne pouvait éloigner son regard de cette créature si délicate et à la fois si extraordinaire qui tourbillonnait devant lui.
Cette divine était celle qu'il aimait et aimerait toujours, il le savait. Lui serait-il possible un jour de l'approcher, de lui parler ? Comprendrait-elle son langage ?

Il rentra chez lui comme un automate, et il n'eut
d'autres pensées chaque jour suivant que Violine.
Qui était-elle ? D'où venait-elle ?
Elle avait envahi tout son esprit. Il ne rêvait que d'elle,
ne vivait que pour la retrouver.
Caché derrière le gros orme, chaque soir sur la plaine,
il observait sans être vu la jolie fée mi-femme, mi-dragonne.
Et il gardait son secret enfoui dans son cœur.

Un soir, alors qu'il arrivait plus tôt qu'à l'ordinaire,
il déposa sur le sol de la plaine, un billet,
sur lequel il avait inscrit :

«Mademoiselle si belle, mon coeur ne bat plus que pour vous. Je vous aime.»

Il épia chacun des mouvements de la fée
et attendit patiemment qu'elle trouve son message.
Mais le vent souffla ce soir-là plus que d'habitude,
et le papier s'envola avant même que Violine
n'en devine la présence.

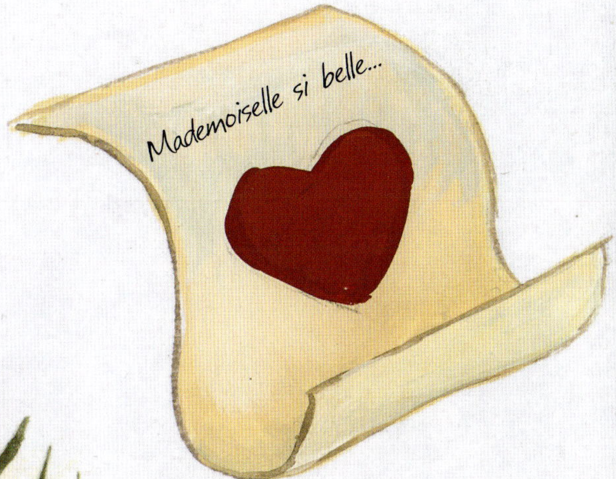

Benoît était désespéré. Tout était perdu. Il rentra chez lui, plus malheureux que jamais, son cœur brisé en mille morceaux. Si la nature s'alliait contre lui, c'est que cet amour était impossible.

Cependant, le vent est un coquin.
Alors que notre jeune homme pleurait sur son retour, la fée reçut en pleine poitrine un message plaqué par le vent. Troublée dans ses mouvements,
Violine s'arrêta et déchiffra le message.
Une fée est une sorte de magicienne, et elle avait depuis longtemps deviné la présence de Benoît.

C'était le premier homme qui la découvrait,
et il n'avait pas osé l'approcher.
Elle mesurait à quel point il était doux
et respectueux. Et sans se l'avouer, elle en était venue à espérer chaque soir que cet homme serait là.

Aujourd'hui, enfin, il lui avait déclaré son amour.
Alors, elle l'appela.
– Viens, mon tendre, viens me rejoindre !

Mais Benoît, triste et déçu, était sur le chemin du retour. Le vent souffla soudain si fort que Benoît baissa la tête pour l'affronter. À son oreille, un murmure se fit entendre :
– Viens, mon tendre, viens me rejoindre !

Benoît reconnut la voix de celle qui dansait chaque soir à lui donner le tournis, celle qu'il aimait plus que tout au monde. Alors, sans hésiter, il courut jusqu'à la plaine et découvrit sa fée, bras tendus vers lui, qui l'attendait.

– Mais comment est-ce possible ?
Qui... qui êtes-vous vraiment ?
Il bafouillait et Violine souriait.

« Je suis une fée. Je m'appelle Violine. Je connais ton nom et je sais d'où tu viens. Mais je ne peux t'aimer ainsi. Cependant, si ton amour est sincère, tu peux me rejoindre dans mon royaume féerique… Es-tu prêt pour cela ? »

Bien entendu, Benoît était prêt. Peu importe qui il allait devenir ou plutôt « ce » qu'il allait devenir. Une seule chose comptait pour lui : vivre aux côtés de Violine.

Depuis, sur la plaine, tous les soirs, on peut apercevoir deux êtres fantastiques : deux créatures mi-humains, mi-dragons qui dansent au son du pipeau. Amoureux et comblés, ils s'élancent et s'enlacent…

Une fée coquine

Mireille Saver - Oreli Gouel

Maude est une ravissante petite fée de la forêt. Elle habite dans le creux d'un chêne avec son papa et sa maman. Comme toutes les fées, Maude doit aller à l'école pour devenir à son tour une enchanteresse reconnue.

Mais ce matin, Maude se sent si bien au chaud, couchée dans la coque de noix qui lui sert de lit, qu'elle a décidé de ne pas s'y rendre.

Pour cela, elle va faire semblant d'être malade.

Elle s'enfonce dans son matelas de plumes de moineaux et crie bien fort :

– Mamaaaaaaaan ! J'ai mal à la tête…

Aussitôt, sa maman se précipite à son chevet
et lui tâte le front.
– Je vais t'apporter un bon bol de gouttes de rosée
et tu seras vite guérie, lui dit sa maman.
Maude avale tout le contenu de son bol
et mange même quelques fraises des bois.
– Ça va mieux ? lui demande sa maman.
– J'ai encore un peu mal, répond Maude
d'une toute petite voix.
– Ne t'inquiète pas, ma chérie, dans cinq minutes,
ce vilain mal de tête sera passé, dit sa maman,
rassurante, avant de retourner dans la cuisine.

Maude n'est pas du tout d'accord.
Dans cinq minutes, il sera encore temps
d'aller à l'école des fées. Alors, elle fait
une horrible grimace et s'écrie :
– Mamaaaaaaaaaaaan ! J'ai mal au ventre
et mes ailes sont toutes froissées.

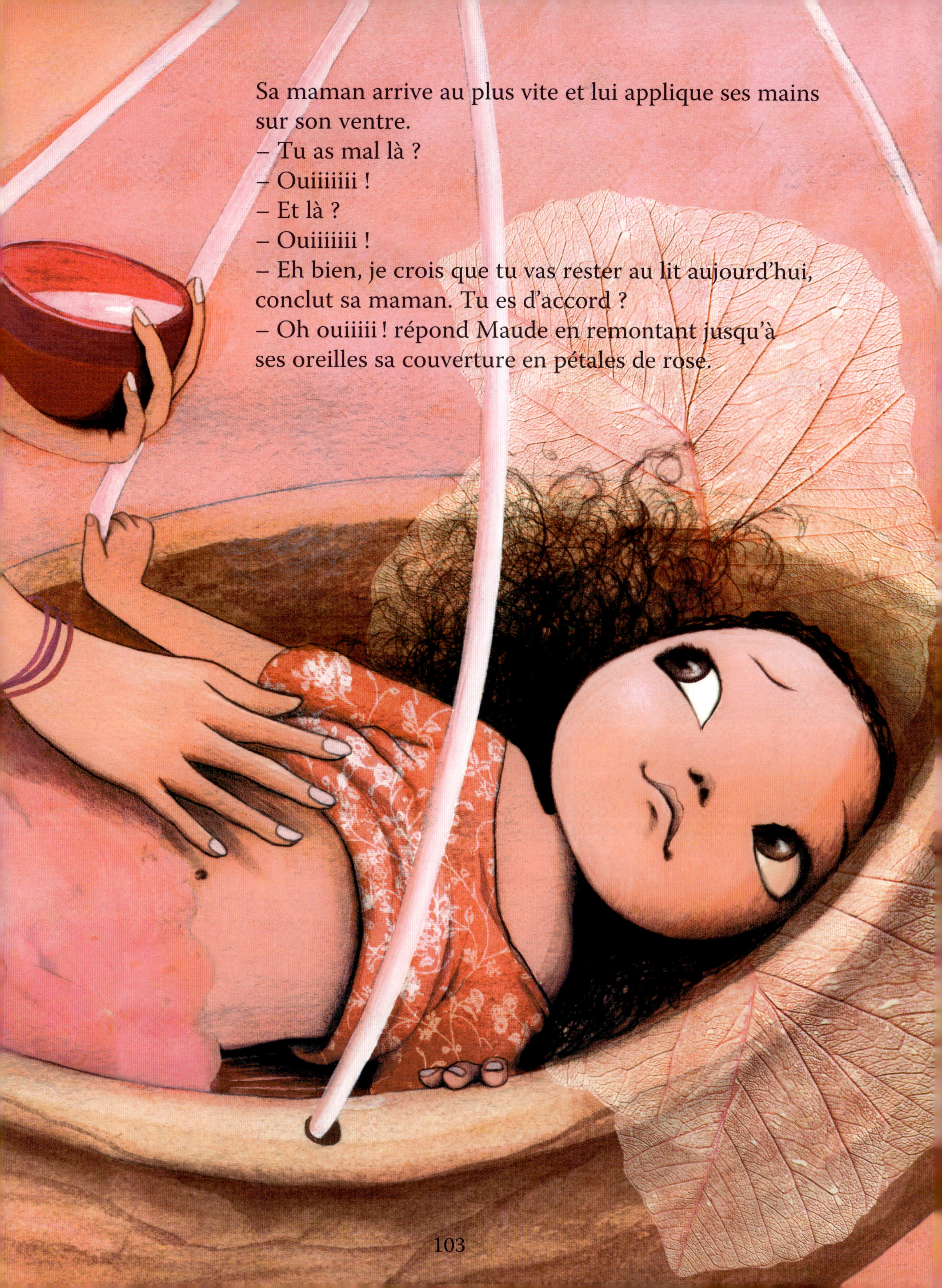

Sa maman arrive au plus vite et lui applique ses mains sur son ventre.
– Tu as mal là ?
– Ouiiiiii !
– Et là ?
– Ouiiiiii !
– Eh bien, je crois que tu vas rester au lit aujourd'hui, conclut sa maman. Tu es d'accord ?
– Oh ouiiiii ! répond Maude en remontant jusqu'à ses oreilles sa couverture en pétales de rose.

Maude est ravie de sa supercherie. Quel bonheur de passer sa journée à ne rien faire. C'est tellement ennuyeux d'apprendre par cœur des formules magiques. Il y en a des tas à retenir. Il y a celle qui permet de changer un corbeau en éléphant : « Ramassi courtepatte clafoutis cecomeça ». Ou bien celle qui fait venir le soleil : « scaroli, moujiba, salutatoi ». Et celle qui déclenche les orages : « superico baragui, et cetera ». Et bien d'autres encore qui commencent par « abracadabra ».

Dommage, il n'existe aucune formule pour empêcher l'école d'ouvrir ses portes.
Maude ne veut plus penser aux phrases magiques, elle veut rester là à ne rien faire toute la journée.
Mais finalement, c'est très ennuyeux de ne rien faire et, au bout de quelques minutes, Maude ne tient plus en place.
Mais voilà justement deux petites fées qui sonnent à la porte.
Ce sont Lili et Zoé qui viennent chercher Maude pour aller jouer près de la source.
Maude entend sa maman qui leur dit :
– Je suis désolée. Maude a mal au ventre et ses ailes sont toutes froissées. Elle ne peut pas aller jouer avec vous. Au revoir.

Maude ne comprend plus rien.
Pourquoi Lili et Zoé ne sont-elles pas à l'école ?
Alors la petite fée appelle sa maman :
– Mamaaaaaaaaaan !!! Je suis guériiiiiie !
Je peux aller jouer avec mes amies ?
– Ma pauvre chérie, dit maman, passer un mercredi au lit, ce n'est pas drôle mais tu dois encore rester au chaud. C'est plus prudent. Demain, il y a école.
– Quoi ???? Ce n'est pas possible !!!!
Maude n'en revient pas, elle avait oublié qu'aujourd'hui c'est mercredi et que, le mercredi, l'école des fées est fermée !!!

Ficelle et le philtre qui fait grandir

Mireille Saver - Dorothée Jost

« Aujourd'hui, je dois inventer la meilleure des potions magiques pour le grand concours annuel des fées, se dit Ficelle. Si je gagne, j'obtiendrai mes ailes de soie blanche. » Pour ce concours, Ficelle a choisi de mijoter un nouveau philtre avec des pouvoirs extraordinaires.

« Dans mon chaudron, je dois mettre
O-BLI-GA-TOI-RE-MENT
des plumes de corbeau pour donner de la force, une carapace de tortue pour la beauté,
une patte de lapin pour l'intelligence,
une chenille verte bien grasse pour la santé, quelques herbes diverses et enfin un peu de poudre magique. »

Mais, même au royaume des fées, il n'est pas facile d'attraper un lapin, et encore moins un corbeau. Quant à la tortue et à la chenille, Ficelle n'en vit même pas la trace.
Alors Ficelle réfléchit. Si ces animaux ont des pouvoirs, c'est grâce à leur alimentation.
« Un lapin mange des carottes, donc il me faut des carottes.
Un corbeau aime piquer la chair des tomates,
donc il me faut une tomate.
Une tortue se régale de rondelles de pomme de terre,
donc il me faut des pommes de terre.
Une chenille grignote du chou, donc il me faut un chou. »

Ficelle passa sa journée à chercher tous ces légumes.
Puis elle les mit à cuire dans un grand chaudron.
Elle rajouta même un poireau et deux navets.

Le lendemain, toutes les petites fées prétendantes aux ailes de soie attendaient patiemment leur tour pour la présentation au jury. Ficelle portait avec peine son chaudron.
Enfin son tour arriva. Des fées aux ailes merveilleuses l'attendaient. Il y avait la fée Viviane, la fée des Sources, la fée Bleue et la fée de la Forêt. Et aussi, la fée Carabosse, la fée Zinzin, la fée Vinaigre et la fée Grise.

– Fée Ficelle, approchez-vous ! ordonna la fée Carabosse.
Ficelle, petit bout de fée avec ses ailes en papier crépon, s'approcha, pas très rassurée...

En déposant son chaudron plein d'un liquide onctueux et parfumé, Ficelle bredouilla :
– C'est un nouveau philtre.
– Quelle est sa fonction ? demanda la fée des Sources.
– Sa fonction ? répéta sottement Ficelle.
Elle n'y avait absolument pas pensé !
À ce moment précis, Ficelle se sentit si petite qu'elle répondit sans réfléchir :
– Il fait grandir les enfants !
La fée Bleue sourit :
– Tu devrais en boire toi aussi, petite fée Ficelle.
– Quelle idée d'en faire un si grand chaudron ! Enfin, puisque nous sommes ici pour goûter, goûtons… grogna la fée Carabosse.

Une à une, les fées plongèrent leur cuiller dans le chaudron. Elles avalèrent quelques gouttes, puis recommencèrent une autre fois, puis encore une autre fois jusqu'à ce que le chaudron fût vide.

– C'est bon ! dit la fée Viviane.
– Quel délice ! dit la fée Zinzin.
Même la fée Carabosse dit :
– Hum... Pas mal !
Les autres hochaient la tête, visiblement ravies.

À la fin de l'après-midi, Ficelle la petite fée portait fièrement ses nouvelles ailes de soie.
Son breuvage avait beaucoup plu aux membres du jury. Mais, en plus de ses ailes, elle venait d'être nommée meilleure cuisinière de l'année !

Les trois petites fées

Calouan - Évelyne Duverne

Il existe en un monde enchanté trois fées.
Gersende, Domitille et Basilice pour les nommer.
Attentives et veloutées, ces trois petites fées
par tous sont adorées.
Ensemble toujours et souriantes, on les voit voler.
Partout où elles passent, le bonheur éclate par nuées.
Avec leur baguette, elles sont toujours prêtes…
à embellir la vie, à adoucir les envies, à colorer les soucis.

Mais laissez-moi vous parler de Gersende...

C'est par un soir d'hiver qu'elle a débarqué de la Nouvelle-Zélande.
Elle avait marché, longuement, à petits pas, jusqu'au bout de la lande.
Elle voulait voir ce pays dont on lui avait tant parlé : la Hollande.
Parce que, aussi bizarre que cela paraisse,
il y régnait les plus fabuleuses légendes.
Des frileuses, des minuscules, des fantastiques,
des acidulées, des grandes.
Des histoires de fromages aux mille saveurs,
de fleurs aux pétales de mille couleurs
qui poussent en plates-bandes.
Elle savait que, dans ce pays magique,
elle deviendrait gourmande, ronde... et friande.
Depuis, chaque matin, elle grignote des petits
biscuits croustillants aux amandes.
Après sa toilette, dans sa nuque,
elle dépose deux gouttes d'extrait de lavande.
Et, autour de son cou, elle empile
mille colliers colorés en guirlande.
C'est la fée Gersende.

La plus petite, c'est Basilice...

La plus petite, certes, mais pas
la plus dépourvue de malice.
Ses petites ailes si fines et si délicates
ressemblent à deux hélices.
De la voltige, en toute saison,
elle n'est pas novice.
En quelques battements de ses fragiles ailes,
elle vole au secours des plus infâmes supplices.
Des plus dangereux maléfices.
Car, depuis tout enfant,
elle ne peut supporter l'injustice.
Elle est si merveilleuse
dans sa petite robe couleur de narcisse.
Avec des perles de lune posées
dans ses longs cheveux si lisses.
Cette jolie fée est dévouée,
attentive et maternelle,
telle une véritable nourrice.
Elle prépare de savoureuses crèmes,
de somptueux délices.
Mais son plus grand plaisir
est de croquer à longueur de journée
des bonbons parfumés à la réglisse ou à l'anis.
Telle est Basilice.

Je n'oublierai pas bien sûr Domitille.
Oserai-je dire que c'est la plus douce,
la plus gentille ?
On peut voir, dès qu'elle s'approche de nous,
ses beaux yeux qui toujours brillent.
Et ses lèvres nacrées que légèrement elle maquille.
Dans son gros chignon, que, sur la tête, elle entortille,
sont plantées deux aiguilles.
Elle se régale des savoureuses crèmes de Basilice,
surtout celles à la vanille.
Elle déguste cela à petites lampées,
en régalant ses papilles.
Cette petite fée est toujours gaie, toujours remuante,
sans cesse elle frétille et sautille.
Mais, depuis quelques jours, la petite fée boitille.
En faisant des cabrioles avec les étoiles,
elle s'est blessé la cheville.
Courageuse et enjouée, elle ne veut pas se laisser gêner
par ce qu'elle appelle une broutille.
Et se refuse, pour s'aider, à utiliser des béquilles.
Elle préfère s'occuper de ces bons vœux
qu'alentour elle éparpille.
Sacrée petite fée Domitille !

Maintenant que vous les connaissez,
sans nul doute vous les reconnaîtrez.
Et surtout gardez vos yeux fermés, car ces petites fées,
tous vos vœux vont exaucer…